Forum Freier Christen
Forum Kultus

frei
+
christlich

Der freie christliche Impuls
Rudolf Steiners
heute

Eine Skizze

Kurzinfo

Arbeitsmaterial zur Kultus-Frage

frei + christlich
Eine Skizze
Kurzinfo

ISBN: 978 3 7322 4153 8

2. Auflage: Michaeli 2013

Arbeitsmaterial zur Kultus-Frage
forum kultus
Initiative für ein
freies, anthroposophisch + sakramental vertieftes Christ-Sein heute
im Förderkreis FORUM FREIER CHRISTEN

Herausgabe, Satz, Layout (Word 2002) :
Dr.phil. Volker David Lambertz, D-78333 Wahlwies, ©

Herstellung, Verlag und Vertrieb :
BOD-VERLAG, BOOKS ON DEMAND GmbH, Norderstedt
In de Tarpen 42, D-22848 Norderstedt / www.BoD.de

Siehe auch unsere Website: www.forum-kultus.de

Titelbild: Rudolf Steiner arbeitet an der Christus-Holzplastik, 1918

MANUSKRIPTDRUCK – Juni 2013 - Helgoland
Ohne Gewähr.
Dieses Arbeitsmaterial wird immer wieder bearbeitet und aktualisiert, bitte fragen Sie nach !
Bitte entschuldigen Sie auch Fehler aller Art = ehrenamtliche Nachtarbeit...!
Und teilen Sie mir diese ggf. gerne mit!
Sollte ich irgendwelche "Rechte" verletzt haben, bitte ich um Nachsicht!

Matthias Grünewald
Auferstehung

Dass es kein anderes Wort Gottes gibt
als das, was allen Christen
zu verkündigen aufgetragen ist,

dass es keine andere Taufe gibt
als die, die jedweder Christ vollziehen kann,

dass es kein anderes Gedächtnis
des Herrenmahls gibt
als das, bei dem jedweder Christ tun kann,
was Christus zu tun befohlen hat,

dass es keine andere Sünde gibt
als die, die jedweder Christ
binden, bzw. lösen muss,

dass es kein anderes Opfer gibt
als den Leib eines jedweden Christen,

dass niemand beten kann,
außer allein der Christ,

dass niemand über die Lehre urteilen darf,
außer der Christ selbst.

Alle Christen
sind wahrhaftig geistlichen Stands,
und ist unter ihnen kein Unterschied,
denn des Amts halben allein. ...

Was aus der Taufe krochen ist,
das mag sich rühmen, dass es schon
Priester, Bischof und Papst geweihet sei.

Martin Luther (eingedeutscht)

Liebe LeserInnen	7
Freiheit!	9
Die sieben Sakramente	12
Forum Kultus	13
Leitsterne	14
FREI + CHRISTLICH Ein Überblick	19
Vergleich zwischen Messekultus und neuem Kultus	28
Die freie christliche Weihe	29
Die Liebe	30
Weiter!	32
Literaturhinweise	36
Adresse	40

Forum Freier Christen

forum kultus

Initiative für ein
freies,
anthroposophisch + sakramental vertieftes
Christ-Sein heute

ARBEITSMATERIAL ZUR KULTUS-FRAGE

Was aus der Tauf krochen ist,
das mag sich rühmen,
dass es schon
Priester, Bischof und Papst
geweihet sei.

Martin Luther

LIEBE LESER INNEN !

*Wo zwei oder drei
in meinem Namen versammelt sind,
da bin JCh mitten unter ihnen !* (Matt. 18/20)

«Gott ist die Liebe.
Und wer in der Liebe ist, der ist in Gott und Gott in ihm.»

Brauchen wir dennoch "Priester", "Kirchen" als Vermittler
zwischen uns und der Geistigen Welt?
Unser Ziel: Jeder Mensch ein Priester!

Aber, wohin wenden wir uns *konkret, heute,*
und zwar als überkonfessionell, brüderlich suchende,
freie Christen, und vor allem als Anthroposophen,
wenn wir auch die Hoch- und Notzeiten des Lebens
– insbesondere Taufe, Trauung, Bestattung –
allgemein-christlich und sakramental vertiefen,
jedoch keine *spezielle Kirche* in Anspruch nehmen wollen ?

Auf der Suche nach einem individuell freilassenden, aber auch
spirituell tief greifenden und wirksamen Weg findet sich der
«freie christliche» Impuls Rudolf Steiners.
Die Wurzel ist der «Ethische Individualismus», wie ihn
Rudolf Steiner in seiner «Philosophie der Freiheit» beschreibt.

Mit dieser Skizze wollen wir Ihnen diesen Impuls in Kürze
und stichwortartig vorstellen *(ausführlich siehe Literaturhinweise, S.36!)*.

Christ-Sein wird sich in Zukunft
immer mehr einer "allein selig-machenden" Kirche ab-
und den Geschwistern und damit IHM direkt zuwenden;
auch wenn dieser Impuls gegenwärtig quantitativ unbedeutend,
noch Zukunft ist, ..die aber doch *heute* gesät werden muss ...

FORUM FREIER CHRISTEN – Forum Kultus – Volker David Lambertz

Kein Mensch, kein Weg gleicht dem anderen.

Wir steigen zwar alle den gleichen Berg hinauf;
doch der eine vom Norden, der andere vom Süden,
der eine über Abhänge und unter Lawinen,
der andere in der Sonne, über blühende Wege,
der eine noch ziemlich unten, der andere schon höher ... ;
ein jeder seinen ganz speziellen, individuellen Weg zu Gott,
auch wenn mancher in manche Sackgasse gerät ...

So schildert, bzw. besteht zwar so mancher
auf die (allein selig machende!?) "Wahrheit" seines Weges;
aber es sind doch immer nur seine Perspektiven, Teilwahrheiten.

Je höher und näher wir dem Gipfel kommen,
desto größer und objektiver wird die Übersicht,
bis wir vor und in IHM – dem ALLES – stehen...
Denn nur alle Wege zusammen ergeben das Alles,
 "die Wahrheit"...

So lasst uns im Westen den im Osten,
oder Süden, oder Norden, oder unter, oder über uns..
nicht be- oder verurteilen. ..

er ist genauso wie wir: auf dem Weg
zu IHM.

Und die irrend abwärts, ja destruktiv ins Dunkle gehen?
Dereinst werden uns allen die Augen geöffnet...
Und, «an unseren Taten und Früchten
werden sie uns – und Ihn – erkennen!» ...

VDL

FREIHEIT !

Was uns von allen anderen Wesen unterscheidet, ist
die Freiheit.
Gott wollte die Freiheit des Menschen.
Wir sind Kinder Seiner Liebe
und deshalb mit Freiheit beschenkt.
Dies ERkennen wir, dazu bekennen wir uns
und damit zu Gott.
Wir gliedern uns frei in Seinen Willen – wieder – ein.
Der «freie christliche» Impuls Rudolf Steiners
hat hier seine Wurzeln.

Rudolf Steiner
PHILOSOPHIE DER FREIHEIT

(...eine freie Handlung:) Zur Voraussetzung hat eine solche Handlung die Fähigkeit der **moralischen Intuitionen**. (9K/25A)
Der gerade Gegensatz dieses Sittlichkeitsprinzips ist das Kant'sche: Handle so, dass die Grundsätze deines Handelns für alle Menschen gelten können. Dieser Satz ist der Tod aller individuellen Antriebe des Handelns. Nicht wie *alle* Menschen handeln würden, kann für mich maßgebend sein, sondern was für mich in dem individuellen Falle zu tun ist. ... (9K/26A)
Die Menschen sind dem Intuitionsvermögen nach verschieden. Dem einen sprudeln die Ideen zu, der andere erwirbt sie sich mühselig. Die Situationen, in denen die Menschen leben und die den Schauplatz ihres Handelns abgeben, sind nicht weniger verschieden. Wie ein Mensch handelt, wird also abhängen von der Art, wie sein Intuitionsvermögen einer bestimmten Situation gegenüber wirkt. Die Summe der in uns wirksamen Ideen, den realen Inhalt unserer Intuitionen, macht das aus, was bei aller Allgemeinheit der Ideenwelt in jedem Menschen individuell geartet ist. Insofern dieser intuitive Inhalt auf das Handeln geht, ist er der Sittlichkeitsgehalt des Individuums. ..

Man kann diesen Standpunkt den **ethischen Individualismus** nennen. ... (9K/28A)

Während ich handle, bewegt mich die Sittlichkeitsmaxime, insofern sie intuitiv in mir leben kann; sie ist verbunden mit der **Liebe** zu dem Objekt, das ich durch meine Handlung verwirklichen will. Ich frage keinen Menschen und auch keine Regel: Soll ich diese Handlung ausführen? – Sondern ich führe sie aus, sobald ich die Idee davon gefasst habe. Nur dadurch ist sie *meine* Handlung. Wer nur handelt, weil er bestimmte sittliche Normen anerkennt, dessen Handlung ist das Ergebnis der in seinem Moralkodex stehenden Prinzipien. Er ist bloß der Vollstrecker. Er ist ein höherer Automat. ... Nur wenn ich meiner Liebe zu dem Objekt folge, dann bin ich es selbst, der handelt. Ich handle auf dieser Stufe der Sittlichkeit nicht, weil ich einen Herrn über mir anerkenne, nicht die äußere Autorität, nicht eine so genannte innere Stimme. Ich erkenne kein äußeres Prinzip meines Handelns an, weil ich in mir selbst den Grund des Handelns, die Liebe zur Handlung gefunden habe. ... Ich vollziehe sie, weil ich sie *liebe*. Sie wird "gut", wenn meine in Liebe getauchte Intuition in der rechten Art in dem intuitiv zu erlebenden Weltzusammenhang drinnensteht; "böse", wenn das nicht der Fall ist. Ich frage mich auch nicht: Wie würde ein anderer Mensch in meinem Falle handeln? – Sondern ich handle, wie ich, diese besondere Individualität, zu wollen mich veranlasst sehe. Nicht das allgemein Übliche, die allgemeine Sitte, eine allgemein-menschliche Maxime, eine sittliche Norm leitet mich in unmittelbarer Art, sondern meine Liebe zur Tat. Ich fühle keinen Zwang, nicht den Zwang der Natur, die mich bei meinen Trieben leitet, nicht den Zwang der sittlichen Gebote, sondern *ich* will einfach ausführen, was in mir liegt. ...
(9K/30A)

Eine Handlung wird als eine freie empfunden, soweit deren Grund aus dem ideellen Teil meines individuellen Wesens hervorgeht; jeder andere Teil einer Handlung, gleichgültig, ob er aus dem Zwange der Natur oder aus der Nötigung einer sittlichen Norm vollzogen wird, wird als *unfrei* empfunden. (9K/33A)

Frei ist nur der Mensch, insofern er in jedem Augenblicke seines Lebens sich selbst zu folgen in der Lage ist. Eine sittliche Tat ist nur *meine* Tat, wenn sie in dieser Auffassung eine freie genannt werden kann. ... *(9K/34A)*

Die Handlung aus Freiheit schließt die sittlichen nicht etwa aus, sondern ein; sie erweist sich nur als höher stehend gegenüber derjenigen, die nur von diesen Gesetzen diktiert ist. Warum sollte meine Handlung denn weniger dem Gesamtwohle dienen, wenn ich sie aus Liebe getan habe, als dann, wenn ich sie *nur* aus dem Grunde vollbracht habe, weil dem Gesamtwohle zu dienen ich als Pflicht empfinde? .. Die Freiheit des Handelns ist nur denkbar vom Standpunkt des ethischen Individualismus aus. ... *(9K/35A)*

Leben in der Liebe zum Handeln und Lebenlassen im Verständnisse des fremden Wollens ist die Grundmaxime der freien Menschen. .. *(9K/36A)*

Es wird viele geben, die da sagen: der Begriff des *freien* Menschen, den du da entwirfst, ist eine Schimäre, ist nirgends verwirklicht. ... Ich bezweifle das keineswegs. Nur ein Blinder könnte es. ... Aber mitten aus der Zwangsordnung heraus erheben sich die Menschen, die *freien Geister*, die *sich* selbst finden in dem Wust von Sitte, Gesetzeszwang, Religionsausübung und so weiter. ... Wer von uns kann sagen, dass er in allen seinen Handlungen wirklich frei ist? Aber in jedem von uns wohnt eine tiefere Wesenheit, in der sich der freie Mensch ausspricht. *(9K/38A)* ...

Was der freie Geist nötig hat, um seine Ideen zu verwirklichen, um sich durchzusetzen, ist also die **moralische Fantasie**. Sie ist die Quelle für das Handeln des freien Geistes. *(12K/3A)* ...

Das moralische Handeln setzt also voraus, neben dem moralischen Ideenvermögen und der moralischen Fantasie, die Fähigkeit, die Welt der Wahrnehmungen umzuformen, ohne ihren naturgesetzlichen Zusammenhang zu durchbrechen. Diese Fähigkeit ist **moralische Technik.** Sie ist in dem Sinne lernbar, wie Wissenschaft überhaupt lernbar ist. ... *(12K/4A)*

(K= Kapitel / A = Absatz / Kursivsetzung Steiner / fett VDL)
Rudolf Steiner, «Die Philosophie der Freiheit»
Auszüge aus dem 9. Kapitel «Die Idee der Freiheit»,
GA 4, Rudolf Steiner-Verlag, CH-4143 Dornach, ISBN 3-7274-0040-4

Die Sieben Sakramente

im menschlichen Lebenslauf

INDIVIDUALITÄT

1. Geburt **Taufe**
(baptisma)

2. Erden-Reife **Jugendfeier** *(Konfirmation)*
(confirmatio)

3. Wandlung **Opferfeier** *(Abendmahl)*
(eucharista)

4. Lebenserinnerung **Lebensschau** *(Beichte)*
(paenitentia)

5. Tod Sterbekultus
(Krankensalbung – Aussegnung – Bestattung)
Letzte Ölung
(extrema unctio)

GEMEINSCHAFT bauend

6. Christen-Gemeinschaft
Weihe *(Verbindung)*
(ordo)

7. Ich+Du **Trauung**
(matrimonium)

FREI + CHRISTLICH

Forum Freier Christen
FORUM KULTUS
Initiative Freie christliche Arbeits-Gemeinschaft

Als überkonfessionelles Forum
(nicht nur für die anthroposophische Scene, sondern für jeden Suchenden!)
für ein kirchenübergreifendes, individuell orientiertes, freies
Christ-Sein und das entsprechende sakramentale Handeln und
für die Publizität engagiert sich der
«Förderkreis FORUM FREIER CHRISTEN»;

und hierin speziell aus einer anthroposophischen Perspektive
und Arbeit,
als eine *«Initiative für ein freies, anthroposophisch + sakramental
vertieftes Christ-Sein heute»* der *«Förderkreis FORUM KULTUS»*.

Für die liturgische Verfügbarkeit und Praxis
und vor allem als spirituelle Kultus-Trage-Schale
der von Rudolf Steiner vermittelten sieben Sakramente, soll die
Initiative *«FREIE CHRISTLICHE ARBEITS-GEMEINSCHAFT»*
wirken, auch als Partner für ggf. Ihre Sakramenten-Anfragen;

die anthroposophischen und kultischen Grundlagen
wurden im
*«ARBEITSKREIS ZU FRAGEN ANTHROPOSOPHISCH
SAKRAMENTALEN HANDELNS»* (zuvor *«Initiativ-Kreis Kultus»*) erarbeitet.

Auch und vor allem innerhalb der Freien Waldorfschulen und der
anthroposophisch heilpädagogischen Heime
werden ein Teil der von Rudolf Steiner gefassten Sakramente und
Handlungen (vor allem die Opferfeier und die Sonntags-
handlungen für die Kinder) gehalten.

2012

LEITSTERNE

Freie Christliche Arbeits-Gemeinschaft
Initiative für ein Freies,
Anthroposophisch + Sakramental
vertieftes Christ-Sein heute

✯ Die Freiheit des Christenmenschen

Der «ethische Individualismus»;
überkonfessionell + individuell + tolerant + frei.
Jedem das Seine.
Nicht Macht, Hierarchie, Institutionalisierung, nicht die Dogmatik
irgendeiner Religionsgemeinschaft, sondern *meine individuelle
Beziehung zur Geistigen Welt* ist der Maßstab meines Handelns
und geistigen Strebens; *allein IHM selbst* bin ich unterworfen
und ver-antwort-lich.
Gleichzeitig sind mir dadurch alle Christen Geschwister.

✯ Die Anthroposophie

Uns [1] ist dabei die Anthroposophie ein *Erkenntniswerkzeug*,
die als eine undogmatische, interreligiöse «Geisteswissenschaft»,
als eine «Philosophie der Freiheit», den Einzelnen in seinem
Suchen und Finden frei lässt, ihm tiefste Einblicke und Erfahrungen
eröffnet, mit denen er frei umgehen kann; die Ver-antwort-ung
und Liebe erweckt und zum *All-umfassenden Gottes-Dienst* wird.

✯ Das allgemeine Christ-Priester-Sein

Den Alltag spiritualisieren, sakramentalisieren, liebevoll und
heilsam leben; Gott in allem wahr-nehmen...
Heute brauchen *wir* keinen zertifizierten Amts-Priester mehr,
der *allein* sakramental handeln kann und darf.
Das Ziel: *Jeder Mensch ein Priester*.
Das «allgemeine Priestertum», das urchristliche und brüderliche
«Laien-Priestertum» bedeutet nicht Dilettantismus, sondern ER-
höhung, ist Auf-Gabe, Zukunft menschlichen Handelns und Seins.

✯ Die Sakramente aus der Quelle der Fassungen Rudolf Steiners

Kultus ist *Spiegelbild geistiger Geschehnisse*, «heilende Arznei» des Schöpfers allen Seins. Diese Prozesse in Worte zu fassen, erfordert einen tiefen Einblick in das Übersinnliche; das trauen wir (!) Rudolf Steiner zu.
Dennoch sind die durch ihn neu ergriffenen, allgemeinpriesterlichen sieben Sakramente (mit der «Opferfeier» als Zentralsakrament) «*ein Anfang*», lebendige Fassungen die zeitgemäß «fortgesetzt» werden sollen, Inspirationsquellen, nicht aber apodiktische Dogmatik.

✯ Der christliche Sozial-Impuls

ora et lege et labora
«Es ist jetzt unsere Aufgabe in Europa, eine christliche Infrastruktur zu gründen: überall kleine und größere Einrichtungen zu schaffen, wo intensiv geistig geübt und gearbeitet wird.» *(Bernard Lievegoed)* Christen-Gemeinschaft bauen!
«Die soziale Tätigkeit wird eine Opferweihehandlung, sie setzt das fort, was die alte Kultushandlung war.»
(Rudolf Steiner, 18.11.1922)

Die Quelle dazu ist die Liebe!
«Gott ist die Liebe! Und wer in der Liebe ist, der ist in Gott und Gott in ihm!» *(1.Joh.4,16)*

✯ Christ-Sein heute

«Aus dem Ernst der Zeit, muss geboren werden, der Mut zur Tat!» *(Rudolf Steiner)* Anthroposophisch sakramentales Handeln, als heilende Arznei der Erd- + Menschen-Not:
individuell, spirituell vertieft, überkonfessionell, brüderlich, aus der «moralischen Intuition» des JCh.

«Wenn heute (1923!) einer die Dinge in derselben Weise vertritt, mit der man sie 1919 vertreten hat, man da um Jahrhunderte zurückgeblieben ist.» *(Rudolf Steiner, 31.12.1923)*

Alle freie Religiosität,
die sich in der Zukunft
innerhalb der Menschheit
entwickeln wird,
wird darauf beruhen,
dass in jedem Menschen
das Ebenbild der Gottheit
wirklich
in unmittelbarer Lebenspraxis,
nicht bloß in der Theorie,
anerkannt werde.

Dann wird es keinen Religionszwang
geben können,
dann wird es keinen Religionszwang
zu geben brauchen,
denn dann wird die Begegnung
jedes Menschen mit jedem Menschen
von vornherein
eine religiöse Handlung,
ein Sakrament sein,

und niemand wird
eine besondere Kirche,
die äußere Einrichtungen
auf dem physischen Plan hat,
nötig haben,
das religiöse Leben
aufrecht zu erhalten.

Die Kirche kann,
wenn sie sich richtig versteht,
nur die eine Absicht haben,
sich unnötig zu machen
auf dem physischen Plane,

indem das ganze Leben
zum Ausdruck
des Übersinnlichen
gemacht wird.

Rudolf Steiner, 9.10.1918

EIN HINBLICK

frei + christlich
heute

*Wir stehen nicht am Ende
sondern am Anfang
des Christentums.*   Christian Morgenstern

Freies,
anthroposophisch + sakramental vertieftes
Christ-Sein heute

+ Stehen wir in einer **außergewöhnlich dunklen Zeit** ?
Sind wir fort-geschritten, haben wir uns losgesagt von der Harmonie unseres göttlichen Ursprungs und treiben erblindet dem Verderben zu? Ist der "point of no return" schon erreicht, gar überschritten? Ist Pessimismus angebracht?
Man kann es meinen. Was hilft? :
Uns wieder anzuschließen an die göttliche Harmonie.

+ Wir brauchen die **Wiederanknüpfung** (religo) an die Schöpfung, die geistige Welt, die Liebe-Quelle; brauchen somit Geist-Erkenntnis, Religion, Kultus, heilendes Handln, "die heilende Arznei, das Sakrament".
Denn "Gott ist die Liebe und wer in der Liebe ist, der ist in Gott und Gott in ihm!" Die **Liebe** heilt alle Wunden.

+ Dazu gibt es **viele – berechtigte – Wege** = unterschiedlichste Religionen, Konfessionen, Weltanschauungen etc.,
um den verschiedensten individuellen Bedürfnissen und Möglichkeiten gerecht zu werden. («Jedem das Seine!»)
Dem Einzelnen sind dabei auch *mehrere* Wege gleichzeitig möglich, weil er z.B. noch im Übergang ist, weil ihn mit bestimmten

Menschen und Orten noch Aufgaben verbinden bzw. er dort spirituelle Quellen findet.

+ Erkenntnis, Religion und Kultus sind **nichts Statisches**, sie entsprechen den Entwicklungsnotwendigkeiten der Menschheit.

+ *Ein* Weg ist die **Anthroposophie,**
allerdings ein von Religionen unabhängiger, weil – als eine «Geisteswissenschaft» – **interreligiöser**, direkt-christlicher.
Und so kann durch sie der Bekenner einer jeden Religion/Konfession (zusätzlich) einen undogmatischen, überkonfessionellen Zugang zur Erkenntnis, zur Vertiefung und zum Erleben der geistigen, göttlichen Welt finden.
Dabei ist er vollkommen frei sich einer Gemeinschaft gleich gesinnt Strebender, z.B. in der, bzw. der «Anthroposophischen Gesellschaft», anzuschließen.
Anthroposophie geht von der *Freiheit* **des Strebenden** aus und ermöglicht einen *individuellen* Schulungs- und Erkenntnisweg, ggf. bis hin zur Einweihung, zur direkten Kommunikation und Kommunion mit der geistigen Welt.

+ Gelebte Anthroposophie führt letztlich zur **allgemeinen Sakramentalisierung** des *ganzen* Lebens.
Sie wird so zum Gottesdienst; die Begegnung mit der geistigen Welt – überall und erst recht im Kultus – wird Kommunion.
Das «**spiritualisierte Denken**», das liebeerfüllte Bewusstsein für das Göttliche *in allem*, die Handlung aus Liebe ist letztlich die «wahre Kommunion des Menschen».

+ In der "**direkten Begegnung**" und im Einklang mit den Realitäten und Wesen der geistigen Welt, bedarf es dann **nicht mehr der traditionellen Zugangs-Formen**, Rituale, des in Symbolik gekleideten, damit aber auch indirekten, *verhüllten* Weges zur geistigen Welt.

+ Dieser *direkte* Weg braucht dann auch **keine «religiöse Erneuerung»** durch die Kirche «Die Christengemeinschaft», denn die Anthroposophie selbst ist ja die Quelle und Schöpferin dieser Erneuerung.

+ Der Weg in einer *speziellen Kirche* sollte daher nicht der *reguläre* des aktiven Anthroposophen oder freien Christen sein; er entspricht ihm aber als deren «**Rater und Helfer**» (Rudolf Steiner).

+ Bis wir der Spiritualisierung und Sakramentalisierung des gesamten Lebens jeweils aktuell entsprechende Inhalte und Formen geschaffen haben werden, benötigen wir für die Hoch-Zeiten des Lebens noch "**Zwischenstationen**".

+ In der Weiterführung des Kultus finden sich **von Rudolf Steiner** verfasste, vertiefte, «*erneuerte*» Sakramente.

+ Diese *Texte* sind in ihrer universalen Fassung «für verschiedene Lebenszusammenhänge», also **überkonfessionell**, allgemein-menschheitlich verwendbar.

+ Zunächst formulierte er Taufe, Trauung (an Wilhelm Ruhtenberg, Stuttgart) und die Bestattung (an Hugo Schuster, Dornach) für eine kirchenunabhängige, allgemein-("*laien*"-)priesterliche, freie christliche Handhabung durch Anthroposophen, und dann die Kinder-«Sonntagshandlung», «Jugendfeier» und das Zentralsakrament die «Opferfeier», die zunächst den «freien christlichen» Religionslehrern der Freien Waldorfschule in Stuttgart gegeben wurden.

Danach erhielt *auch* die Kirche «Die Christengemeinschaft» diese Texte (bis auf die «Menschenweihehandlung» [statt der «Opferfeier»] fast alle sogar gleich lautend).

Letztlich wurden alle **sieben Sakramente** neu formuliert.

(Siehe Kultus-Handbuch «Die Sakramente...»)

+ **Exklusive** "**Rechte**" an diesen Sakraments-Texten **gibt es nicht**. Sie sind auch nicht an die «Christengemeinschaft» (wie von dieser behauptet) "übertragen", etc. worden, noch deren "spirituelles Eigentum". (Rechtlich gehören sie der Rudolf Steiner-Nachlassverwaltung.)

Auch dass die Inanspruchnahme der «freien christlichen» Taufe, Trauung, Bestattung nach der Begründung der «Christengemeinschaft» "**einschlief**" (insbesondere durch den Tod von Schuster und die Konversion Ruhtenbergs), und dann durch einen Monopolanspruch der «Christengemeinschaft» tabuisiert wurde (s.u.), ist kein Indiz dafür, dass der überkonfessionelle, «freie christliche» Impuls nun wieder von dem kirchlichen der Religionsgemeinschaft «Die Christengemeinschaft» "abgelöst" worden wäre.

+ Im Gegenteil, die Gründe sind die mangelnde Wachheit der Anthroposophen für eine not-wendige Wende auf dem Weg zur «Freiheit des Christenmenschen»,
und die Tragik der **Verkennung** der Bedeutung einer eigenen christlich ge- und ER-lebten Mitte. Eine brüderliche Gemeinschaftsbildung durch eine *auch* liturgische, kultische *Praxis* innerhalb der Anthroposophischen Gesellschaft wurde nicht angegangen (das wurde zwar insbesondere durch die «Klassenstunden» versucht, hatte aber realiter doch nicht die not-wendige Wirkung), wodurch das Tor offen stand, für einen tragischen **Monopolanspruch der «Christengemeinschaft»**.

+ Weil die «Christengemeinschaft» kaum Zulauf von der ihr zugedachten **Klientel** (den Suchenden zwischen den Großkirchen) erhielt, wendete sie sich – entgegen den eindeutigen Vorstellungen und Warnungen Rudolf Steiners – bald nahezu ausschließlich und erfolgreichst an die Anthroposophen- und Waldorfscene («Es ist ein furchtbar starkes Werben da, das autoritativ wirkt...» ^Marie Steiner^), die nun ihr Mitte-Manko *hier* auslebten, während (schon gleich nach Rudolf Steiners Tod) in der Anthroposophischen Gesellschaft zerstörerische Geister die fehlende christliche Mitte ausfüllten.
So bestand die Mitgliedschaft der «Christengemeinschaft» bald fast nur noch aus Anthroposophen und Waldorfianern.
An einer "**Anthroposophen-Kirche**" aber, d.h. einer scheinbar «Sondergemeinschaft» ^(Neudeutsch für "Sekte")^, hatten und haben Außenstehende kein Interesse ... *(Siehe hierzu R.Steiner, 30.12.1922..).*

+ Typisch sind für beide Ströme das **Zentralsakrament** (Messe), das beide Kultus-Impulse signifikant unterscheidet: die «Opferfeier» (die vor allem in den Waldorfschulen und Heimen gehaltene Handlung) für den «freien christlichen» Impuls gegenüber der «Menschenweihehandlung» für die «Christengemeinschaft».

+ Es sind **diamentral wesensverschiedene** Strömungen
(siehe die Unterschiede auch S. 29).
Es handelt sich hier um **kultushistorisch unterschiedliche Standorte**. Dies zeigt sich besonders an der «Opferfeier», die in ihrer Entwicklung nicht *vor* der Messe (bzw. «Menschenweihehandlung»), sondern – Richtung Zukunft – *nach* dieser einzuordnen ist.

+ Entsprechend wird hier auch vom traditionellen Kultus mit «indirekter» Wandlung und Kommunion zur «direkten» **weitergeschritten**, indem nun nicht mehr der "Umweg" über Brot und Wein genommen wird, sondern **direkt** Fleisch und Blut des Kommunikanten gewandelt werden.

+ Zudem ist für den «freien christlichen» Impuls auch das väterliche **Zwei-Stände-Prinzip** aufgehoben,
in dem *allein* und lebenslang nur der eigene, *kirchlich* Geweihte (Kleriker) sakramental handlungsberechtigt ist (so auch in der «Christengemeinschaft»), der überdies – laut Lehrmeinung – durch den «character indelibilis» (unverlierbares Prägemal) des Weihe-Sakramentes gegenüber dem kirchlich Nicht-Geweihten ("Laien") über exklusive spirituelle Eigenschaften und Möglichkeiten verfügt.

+ Mit dieser kultushistorischen Wende ist das Amts- und Hierarchie-System aufgegeben zu Gunsten eines **brüderlichen**, allgemein-urchristlichen und zukünftig-pfingstlichen Prinzips.
Jeder wahrhaft würdig und demütig strebende Christ – und erst recht der Anthroposoph – kann den freien christlichen Kultus-Dienst für den Christen-Bruder allgemein-priesterlich aufgreifen und praktizieren (Allgemeines-["Laien"]Priestertum).

+ Eine "Priester-Weihe" durch eine Institution, als **Handlungsberechtigung**, ist für den christlich-mündigen, brüderlichen «freien christlichen» Impuls nicht mehr nötig.
Die **Weihe** hierzu ist ein *individuelles*, intimes, aktuelles Be-rufungs-Geschehen, allein zwischen dem Strebenden und IHM, das "Berechtigung" zum christlich-brüderlichen, sakramentalen Handeln ist. Christus selbst ist der Weihende, in aller Stille.
«Priester» bin ich, wenn JCh im DU bin, und ER uns so (in den Schritten des Du-Erkennens, des Ego-Opferns, der Wandlung des

Alten und dann in Seinem in uns Lebendig-Werden, Seine Kommunion mit und in unserem Wirken) erfüllt.

So sind wir Verwandelnde und – wenn JCh will – alle *auch* zum kultischen, sakramentalen und somit "priesterlichen" Dienst füreinander in Seinem (und nun eben nicht mehr einer Kirche) Namen aufgerufen, Seine Liebe weiterzuspenden, und werden und sind dadurch durch IHN Geweihte, Christus-"Priester", indem Er uns aktuell und konkret als Werkzeug nutzen kann und wird.

Denn **«Gott ist die Liebe, und wer in der Liebe ist, der ist in Gott und Gott in ihm.»**

Die Praxis dieses Axioms ist das allgemeine Priester-Sein eines jeden IHM dienen wollenden, liebenden Christen.

+ Ob eine Berufung, eine "Weihe" erfolgte und ergriffen wird, ob man dementsprechend bereit ist dem Christen-Bruder *auch* sakramental beizustehen, muss der Berufene **selbst hören**, Er-fassen, feststellen und verantworten, das ist nicht Aufgabe einer Institution oder von Außenstehenden.

Ob er dieser Aufgabe auch gewachsen ist, wird sich an den Früchten seines Wirkens und der konkreten Nachfrage zeigen.

+ Prinzipiell ist für diesen Dienst noch nicht einmal die **Mitgliedschaft** in irgendeiner Institution nötig.

Die Kraftquelle einer Kultus-Trage-Gemeinschaft kann aber nur empfohlen werden und ist auch Ziel der Initiative «Freie christliche Arbeits-Gemeinschaft».

+ *Wenn* diese individuelle, intime Weihe von einer Gemeinschaft aufgegriffen und mitgetragen wird, dann entscheidet diese nicht über Christi Ja = die "Weihe selbst", sondern lediglich über die **Aufnahme** in diese ihre spezielle Gemeinschaft.

+ Ein *freier* Kultus muss immer aus den *aktuellen* Möglichkeiten, Bedürfnissen und Notwendigkeiten der Feiergemeinschaft, auf IHN hin orientiert, lebendig entstehen, damit die Handlung wahr und Seine Gegenwart wirklich wird.

Inhalt und Form der Sakramente werden sich dementsprechend auch **individuell ergeben** können und sollen;

womit auch die von Rudolf Steiner frei christlich erfassten Texte nicht als letztendliche und dogmatisch festgelegte und einzig mögliche gemeint sind,
sondern «als ein Anfang gegeben» sind und aus dem «Lebendigen des Lebens» «*fortentwickelt*» ^(Rudolf Steiner) werden müssen.

+ Werden diese (sieben) Sakramente eingesetzt, werden sie geformt durch die Möglichkeiten und dem Wollen der Handelnden, bzw. die Lehre, Struktur, die Bedingungen des entsprechenden «**Lebenszusammenhanges**» der handelnden Trage-Gemeinschaft.

+ Im **Urchristentum gab es kein Priestertum** und keine Priester-Weihe. Nach der "Machtergreifung" der Kirche lebte das urchristliche, allgemeine, brüderliche Christ-Sein in "ketzerischen" Laien-Bewegungen, meist im Untergrund, weiter und fand mit der Reformation als «allgemeines ("Laien"-)Priestertum» einen institutionalisierten Niederschlag.

An die *urchristliche* **Sukzession** "von unten" und gleichzeitig am *aktuellen* Wirken des Christus, am Erkenntnis-Weg der Einweihungs-Wissenschaft Anthroposophie, ist der freie christliche Impuls angeknüpft.

+ In einem *freien* christlichen Handeln kann nur ein «**ethischer Individualismus**», nur das Ringen des sich frei aus einer «moralischen Intuition» in das höhere Wollen der göttlichen Weltenführung einfügenden Menschen-Entschlusses, im Sinne der «Philosophie der Freiheit», walten.

Aus diesem Geist schöpfende Gemeinschaften machen nicht mehr unfrei; sie eröffnen höheren Wesen die Möglichkeit sich fruchtbar einzubringen, sie sind Zeit-Not-wendig.

+ Diese Christen-Gemeinschaften können nur gedeihlich werden, wenn sie **Liebe leben**.

Das schließt die aufmerksame Toleranz gegenüber anderen Perspektiven, die Brüderlichkeit, den sozialen Impuls, eine gewaltfreie Kommunikation, ein nachhaltiges Leben, das Streben mit der

Realität der Geistigen Welt zu leben, den eigenen Doppelgänger zu überwinden ..und vor allem die Demut ein.

Der eigene **Schulungsweg** im Denken, Fühlen, Wollen ist die Notwendige Grundlage christlichen Miteinanders.

Hierzu gibt Rudolf Steiner viele Hinweise ...nicht nur er.

+ Die **Sakramentalisierung des ganzen Lebens** ist das Ziel.

+ Mit dem freien christlichen Impuls ist in keiner Weise an einen nun neuen Kultusweg für "*die* Anthroposophen" oder *der* Anthroposophischen Gesellschaft, genauso wenig *der* "Freien Christen" gedacht.

Die **Religionsfreiheit** des einzelnen Mitglieds der Anthroposophischen Gesellschaft und deren Interreligiosität lässt vielfältigste und individuelle Wege zu und verlangt deshalb – um die Freiheit anderer, durch eine offizielle Verankerung eines ganz bestimmten religiösen Standpunktes in den Strukturen der Anthroposophischen Gesellschaft, nicht einzuschränken – für die Erarbeitung dieser Thematik eine von der Anthroposophischen Gesellschaft *autonome* Arbeits-Gemeinschaft.

+ Im «Forum Kultus», als eine «**Initiative für ein freies, anthroposophisch + sakramental vertieftes Christ-Sein heute**» und der angestrebten «Freien christlichen Arbeits-Gemeinschaft», arbeiten kultisch interessierte und engagierte Anthroposophen unabhängig (aber qualitativ auf der Ebene der «Freien Hochschule für Geisteswissenschaft») an der Thematik und **stellen sie zur Verfügung**.

Wie der Einzelne die Früchte seiner ER-arbeitung weiterschenkt, liegt allein in seiner Ver-antwort-ung...

Der hier geschilderte, freie christliche Impuls ist auch in der anthroposophischen Bewegung **nicht die einzige Bemühung**, allerdings der einzige Impuls, der aktiv öffentlich auftritt.

Er steht in keinerlei Gegnerschaft oder **Konkurrenz** zu irgendeiner anderen religiösen Gemeinschaft, auch nicht zur Kirche «Die Christengemeinschaft», sondern sieht *alle* diese (sofern konstruktiv) als notwendig an, damit ein jeder seinen ureigenen und karmisch bedingten Weg gehen kann.

Letztlich sind wir ja doch (ökumenisch) alle geeint unter SEINEM Namen, Wollen und Wirken.

+ Freies christliches, anthroposophisch sakramentales Handeln schöpft, als ein Wirken aus der Bewusstseinsseele, als ein anthroposophischer, michaelischer-urielischer Impuls seine Berechtigung aus der apokalyptischen Not-wendigkeit dieser Jahrtausendwende und dem Ruf des Zeitgeistes, dem Bedürfnis der Fragenden und der **Bruder- und Christenpflicht zum** *auch* **kultischen, sakramentalen Beistand füreinander**, und vor allem aus Seinem Auftrag an uns alle :
«**Gehet hin** und taufet ... und lehret...»
und Seinem Versprechen:
«Wo zwei oder drei in meinem Namen versammelt sind,
da bin JCh mitten unter ihnen.»
«Und sehet: JCh bin in eurer Mitte alle Tage» ...

Dennoch...
diese *verkürzten*!! * Skizzen sind meine, unsere Perspektiven
und sollen vor allem Sie **anregen** *selbst* nachzufragen
und auf SEIN Wollen und Wirken im eigenen Weg zu lauschen...

Wenn SIE freie christliche Sakramente empfangen möchten, oder sich in die Thematik und liturgische Praxis einarbeiten wollen, melden Sie sich !

Forum Kultus – V.D.Lambertz   Bearbeitung 5/2013

* *Im Detail finden Sie die Thematik ausführlich behandelt in*

NACHKIRCHLICHES CHRIST-SEIN
Der freie christliche Impuls Rudolf Steiners heute
BoD-Verlag, ISBN 978-3-842365-70-4 (siehe Literaturhinweise, S. 38)

und in unserer Internetseite: **www.Forum-Kultus.de !**

Die hier in « » Anführungszeichen gesetzten Stellen sind Zitate (in der Regel von Rudolf Steiner),
oder offizielle Begriffe/Namen;
während " " pointiert auf Überspitztes hinweist, bzw. hinterfragen möchte.

Vergleich von Messekultus und neuem, zeit-not-wendigen Kultus

MESSEKULTUS
1. Der Gottesgeist senkt sich von oben nach unten.
2. Die Vollziehenden wenden sich nach oben.
3. Hierarchische Gliederung, "Zwei-Stände-System": Laien / Kleriker. Nur der Priester ist sakramental handlungsberechtigt.
4. Frontaler Kultus (hintereinander angeordnete, gerade Reihen mit Blick zum Altar).
5. Priester wendet Gemeinde Rücken zu, der Einzelne befindet sich im individuellen Nachvollzug.
6. Diese Kultusgemeinschaft nennt man Gemeinde.
7. Genau vorgeschriebener Kultustext und -form.
8. «Indirekter Kultus» (a. Wandlung Brot & Wein, b. diese werden eingenommen und wandeln dann den Leib des Kommunikanten).

NEUER KULTUS
1. Christus als die neue Sonne auf *Erden*, strahlt von dort in uns und den Kosmos: von unten nach oben.
2. Der Teilnehmer wendet sich dem anderen Menschen zu, er wirkt im Horizontalen.
3. Augenhöhe: Es gibt keine Hierarchie beim Vollzug des Kultus. Jeder ist in ihm Diener des anderen. Der Vollzug ist unabhängig von jeder Institution; jede ihn vollziehende Gruppe ist autonom.
4. Man befindet sich in einer Situation des Gegenübers oder des Kreises.
5. Jeder ist – sich der geistigen Welt zuwendend – Priester für den anderen und für sich.
6. Man strebt zur Brüderlichkeit als Kultus-Schale.
7. Dogmatische Vorgaben kann es nicht geben (nur Vorschläge).
8. «Direkter Kultus» (keine Ersatz-«Substanzen», Wandlung ergreift direkt Leib und Blut und Geist und Seele des Kommunikanten).

Nach Gerhard von Beckerath, der «Fußwaschungskultus», in «Gespräch als Kultus», S. 29.

Die freie christliche, allgemein-priesterliche "Weihe"

Begegne ich ihm (dem Du) so, dass ich bereit bin, mein Bewusstsein (zeitweilig) für ihn zu opfern, dass seine Entfaltung mir also wichtiger ist als die meine, vollziehe ich – indem ich für ihn ersterbe – in gewissem Sinne eine Nachfolge Christi.
Dann nah ich ihm in Seinem Namen. Dann werde ich im gleichen Augenblick von Christus selber zum Priester geweiht: Seine Gegenwart ist Weihe – in diesem Augenblick und für diesen Augenblick.

Im Gegensatz zum Amtspriester, der für sein ganzes Leben geweiht wird, gilt die Weihe des sozialen Priesters nur für jene Zeitspanne, in der er «agapisch» einem Mitmenschen begegnet. Es ist ein inneres, ein mystisches Erlebnis dieses Menschen. Und nur das, was sich bei der Begegnung mit dem Anderen ereignet, gibt Antwort auf die Frage, ob hier ein "Priester" zelebriert hat.

Die soziale Priesterweihe ist ein Sakrament, das, im übertragenem Sinne, der Christus unter vier Augen vollzieht.

Dieter Brüll, «Bausteine für einen sozialen Sakramentalismus», (S.138-139)

(Es fand [VDL]) die Weihnachtstagung zur Begründung der Allgemeinen Anthroposophischen Gesellschaft statt.
Man kann verschiedene geistige Ereignisse in ihr finden.
Vom kultischen Gesichtspunkt aus ist sie eine Art 'Weihe' der Anthroposophischen Gesellschaft durch die anthroposophische Bewegung, der Michaelsgemeinschaft auf Erden durch die Michaelsbewegung aus der geistigen Welt, die Grundsteinlegung aus der göttlichen Trinität zu einer neuen Würde der anthroposophisch strebenden Individualität.
In ihr sind Hirtentum *und* Königtum miteinander verbunden.
Es ist die 'Priesterweihe' des anthroposophisch strebenden Menschen.

Friedrich Benesch, «Das Religiöse der Anthroposophie...», S.89

Doch will ich euch
den Weg weisen,
der höher
als alle anderen ist:
Wenn ich mit Menschen-
und mit Engelzungen redete:
bin ich aber ohne Liebe,
so bleibt mein Sprechen
wie tönend Erz
und eine klingende Schelle.
Und wenn ich die Gabe
der Prophetie besäße
und wüsste alle Mysterien
und alle Erkenntnisse
und hätte dazu die Kraft
des bergeversetzenden Glaubens:
wenn ich ohne Liebe bin,
so bin ich nichts.
Und wenn ich alles,
was mein ist herschenkte
und schließlich sogar
meinen Leib hingäbe
zum Verbrennen:
bin ich aber ohne die Liebe,
so ist alles umsonst.

Die Liebe
macht die Seele groß.
Die Liebe erfüllt die Seele
mit wohl tuender Güte.
Die Liebe kennt keinen Neid,
sie kennt keine Prahlerei,
sie lässt keine Unechtheit aufkommen,
die Liebe verletzt nicht,
was wohlanständig ist,
sie treibt die Selbstsucht aus,
sie lässt nicht die Besinnung verlieren,
sie trägt niemandem Böses nach,
sie freut sich nicht
über Unrecht,
sie freut sich nur mit der Wahrheit.
Die Liebe erträgt alles,
sie ist stets
zu gläubigem Vertrauen bereit,
sie darf auf alles hoffen
und bringt jede Geduld auf.

Die Liebe
sei euer Weg
und euer Ziel.

Brief des Paulus an die Korinther,
Kap. 13,1-7 / 14,1, in der Übersetzung von Emil Bock

Weiter!

Man muss sich nur im Klaren sein, dass man über dieses Thema
nicht streiten kann, sondern man muss lernen,
Wesensunterschiede zu unterscheiden.
Alle Kultformen haben ihre Berechtigung und ihre Bedeutung,
und man kann daher jede in der ihr gemäßen Form
und in dem ihr zukommenden Rahmen durchaus anerkennen.

Fred Poeppig

Und Jesus trat zu ihnen und sprach:
Nun ist mir alle Schöpfermacht übergeben
im Himmel und auf der Erde.
Ziehet aus
und seid die Lehrer aller Völker
und tauft sie
im Namen und mit der Kraft
des Vaters, des Sohnes und des Heiligen Geistes.
Und lehret sie,
sich an die Geistesziele zu halten,
die ich euch gegeben habe.
Und siehe,
JCH bin in eurer Mitte alle Tage
bis zur Vollendung der Erdenzeit.

Matt. 28/18-20   (Übersetzung Emil Bock)

Was in der Entwicklung der Christenheit
als Sehnsucht und Streben nach Laienpriestertum
immer wieder erstand – allerdings auch immer wieder verfolgt
und schließlich zum Verschwinden gebracht wurde –,
das hat hier durch Rudolf Steiner eine neue Keimlegung
erfahren.

Maria Lehrs-Röschl, GA 265, S. 42

Eine kultische Arbeit in der anthroposophischen Bewegung
muss aus dem selben geistigen Strom hervorgehen
wie die Schulhandlungen,

gewissermaßen eine *Fortsetzung* dessen,
was in Form und Inhalt
in der *Opferfeier* gegeben war ...

René Maikowski, Brief an Gotthard Starke vom 29.8.1983 (Auszug), s.a. GA 269, S.133.

Die Zukunft der religiösen Entwicklung
liegt in der Ausgestaltung der bestehenden Religionen
zu einer großen einheitlichen Religion der Menschheit.
Anthroposophie will lediglich ein Instrument sein,
um die tiefen religiösen Wahrheiten ..
zu begreifen, zu verstehen.

Rudolf Steiner, 25.3.1907

Nehmen Sie auch so etwas ^(wie die Kultushandlungen)
als einen Anfang hin,
und wissen Sie, dass da, wo man in ehrlicher Weise
einen solchen Anfang will,
sich schon auch die Kräfte finden werden zur Verbesserung
desjenigen, was in einem solchen Anfange gegeben werden kann.
Es wird Ihnen aber gerade an diesem Beispiel klar sein können,
wie überall eben aus dem Lebendigen heraus
das Kultusartige gesucht werden muss. ...
Etwas Prinzipielles kann es im Leben der Welt überhaupt nicht
geben, sondern es kann nur das sich in Leben Wandelnde geben.

Rudolf Steiner, 4.10.1921, vormittags, GA 269

Voraussetzung zu all dem ist die Spiritualisierung des Denkens.
Erst davon ausgehend wird man dazu kommen können,
nach und nach alle Lebensbetätigungen zu sakramentalisieren.
Dann werden sich aus der Erkenntnis der geistigen Wirklichkeiten heraus auch die alten Zeremonien ändern, weil es da
wo man Wirklichkeiten hat, keiner Symbole mehr bedarf.

Hella Wiesberger, Einleitung zu GA 265

Friedrich Rittelmeyer: Ist es nicht auch möglich, Leib und Blut Christi
zu empfangen ohne Brot und Wein, nur in der Meditation?
Rudolf Steiner: Das ist möglich.
Vom Rücken der Zunge an ist es dasselbe.   GA 265, S.27

Die Vorschule für die mystische Vereinigung mit dem Christus
ist das Abendmahl – die Vorschule.
Rudolf Steiner, 7.7.1909

Die Erkenntnis ist die geistige Kommunion der Menschheit.
Ich weiß nicht, wie viele die ganze kulturhistorische Bedeutung
dieses Wortes ... verstanden haben. Denn in diesem Satze
war gegeben die Hinlenkung der materialistischen Auffassung
der Gottgemeinschaft zu einer spirituellen Auffassung
der Gottgemeinschaft: die Umwandlung des Brotes in die
Seelensubstanz des Erkennens.
Rudolf Steiner, GA 198/16

Das Gewahrwerden der Idee in der Wirklichkeit
ist die wahre Kommunion des Menschen.
Rudolf Steiner, GA 1b, Vorrede

So ist spirituelle Erkenntnis eine wirkliche Kommunion,
der Beginn eines der Menschheit der Gegenwart gemäßen
kosmischen Kultus.
Rudolf Steiner, GA 219/12, S.191

...dann wird die Begegnung jedes Menschen mit jedem Menschen
von vornherein eine religiöse Handlung, ein Sakrament sein,
und niemand wird eine besondere Kirche,
die äußere Einrichtungen auf dem physischen Plan hat,
nötig haben, das religiöse Leben aufrechtzuerhalten.
Rudolf Steiner, 9.10.1918

Nebenher ... könne eine solche Bewegung für religiöse Erneuerung *(die «Christengemeinschaft»)* gehen, die ganz selbstverständlich für
diejenigen, die in die Anthroposophie hinein den Weg finden,
keine Bedeutung hat, sondern für diejenigen, die ihn *zunächst
nicht finden* können.
... dass strenge darauf gesehen wird, dass die Bewegung für
religiöse Erneuerung nach allen Richtungen in Kreisen wirkt,
die außerhalb der anthroposophischen Bewegung liegen.
Rudolf Steiner, GA 219, 30.12.1922

Herr,
mach mich zu einem Werkzeug
deines Friedens,

dass ich liebe,
wo man hasst;
dass ich verzeihe,
wo man beleidigt;
dass ich verbinde,
wo Streit ist;
dass ich die Wahrheit sage,
wo Irrtum ist;
dass ich Glauben bringe,
wo Zweifel droht;
dass ich Hoffnung wecke,
wo Verzweiflung quält;
dass ich Licht entzünde,
wo Finsternis regiert;
dass ich Freude bringe,
wo der Kummer wohnt.

Denn wer sich hingibt,
der empfängt;
wer sich selbst vergisst,
der findet;
wer verzeiht,
dem wird verziehen;
und wer stirbt,
der erwacht zum ewigen Leben.

Franziskus

LITERATURHINWEISE

Sie erhalten das Werk Rudolf Steiners in jeder Buchhandlung vom
RUDOLF STEINER VERLAG
Im Ackermannshof, St. Johanns-Vorstadt 19/21, CH- 4056 Basel
Tel.: 0041 61 7069130 / Fax: 0041 61 7069149
E-Mail: verlag@steinerverlag.com / Internet: www.steinerverlag.com

VERLAG FREIES GEISTESLEBEN
Tel.: 0049 711 2853200 / Fax: 0049 711 2853210
E-Mail: info@geistesleben.com / Internet: www.geistesleben.com

Wissenschaftliche Recherche und Archiv:
Rudolf Steiner-Nachlassverwaltung
RUDOLF STEINER ARCHIV
Rüttiweg 15, CH-4143 Dornach 1
Tel.: 0041 61 7068210 / Fax: 0041 61 7068220
E-Mail: archiv@rudolf-steiner.com / Internet: www.rudolf-steiner.com

FORUM KULTUS
BoD-Verlag, www.bod.de / Pro3-Verlag, www.pro3-verlag.de
Tel./AB/Fax: 0049 3212 14 66 232
E-Mail: post@forum-kultus.de / Internet: www.forum-kultus.de

Im INTERNET
www.goetheanum.org / www.anthroposophische-gesellschaft.org
www.medienstelle-anthroposophie.de / www.anthrowiki.at

ZUR KULTUS-FRAGE
AUS DER ANTHROPOSOPHIE

ZUR RELIGIÖSEN ERZIEHUNG
WORTLAUTE RUDOLF STEINERS
ALS ARBEITSMATERIAL FÜR WALDORFPÄDAGOGEN
INFO3-Shop – Edition Waldorf, www.shop.info3.de

Umfangreichste Sammlung mit Angaben Steiners, insbesondere für den freien christlichen Religionsunterricht, den Lehrplan, die Praxis und die Handlungen.

RITUALTEXTE FÜR DIE FEIERN DES FREIEN CHRISTLICHEN RELIGIONSUNTERRICHTES
und das Spruchgut für Lehrer und Schüler der Waldorfschule
Rudolf Steiner, Rudolf Steiner-Verlag, CH-4143 Dornach, GA 269
Hier finden sich die Kultustexte der Opferfeier, Taufe, Trauung, Bestattung, etc., teils aber nur als Faksimile.

PERIKOPENBUCH
Hrsg. Helmut von Kügelgen, INFO3-Shop – Edition Waldorf,
www.shop.info3.de, ISBN 978-3-940606-59-4
Die Stellen für jede Woche des Jahres aus dem Evangelium für die freien christlichen Handlungen, wie sie von Steiner angegeben wurden.

ANTHROPOSOPHISCHE GEMEINSCHAFTSBILDUNG
Rudolf Steiner, Rudolf Steiner-Verlag, CH-4143 Dornach, GA 257

BAUSTEINE FÜR EINEN SOZIALEN SAKRAMENTALISMUS
Dieter Brüll, Verlag am Goetheanum, CH-4143 Dornach,
ISBN 3-7235-0777-8
Impulse für die Zukunft, Kultus der Zukunft. Die Sakramente werden Alltags-Leben, konzentriert in sieben soziale Kultusgesten.

DIE SIEBEN SUBSTANZEN DER SAKRAMENTE
Volker Harlan, Verlag Urachhaus, ISBN 3-8251-7638-9

GESPRÄCH ALS KULTUS
Christlicher Einweihungsweg, Wiederkunft, Bruderschaft
Gerhard von Beckerath, Verlag am Goetheanum, Dornach,
ISBN 3-7235-1238-0

DAS ANTHROPOSOPHISCHE ERKENNTNISGESPRÄCH ALS UMGEKEHRTER KULTUS
Herbert Ludwig, Verlag Ch.Möllmann, ISBN 978-3-899791-33-4

UND WÄRE ER NICHT AUFERSTANDEN
Judith von Halle, Verlag für Anthroposophie, Dornach
ISBN 978-3-037690-01-7
Einführung und Grundlagen, sowie zur Stigmatisation

DAS ABENDMAHL – Judith von Halle, ISBN 978-3-037690-04-8

FORUM KULTUS

DIE SAKRAMENTE
in der freien christlichen Fassung Rudolf Steiners heute
Alle Sakramentstexte Rudolf Steiners für eine freie christliche Handhabung.
KULTUS-HANDBUCH, in verschiedenen Ausführungen :
→ Leinen DIN A6, 350 S., → auch mit Goldschnitt,
ISBN-10: 3-000078-99-1, ISBN-13: 978-3-000078-99-6
→ gekürzte Liturgie-Ausgabe, Leinen, DIN A5, → PDF-Datei auf CD.
Pro-3-Verlag, ProDrei@Pro3-Verlag.de

FREI + CHRISTLICH
DER "FREIE CHRISTLICHE" IMPULS HEUTE
UND DIE SAKRAMENTE IN DER FASSUNG RUDOLF STEINERS
BoD-Verlag, Paperback, 600 S., ISBN 978-3-732244-64-5
Info- und Kultushandbuch = alles in einem Buch !

FREI + CHRISTLICH - FREIE SAKRAMENTE HEUTE ?
FRAGEN AN EIN FREIES CHRISTLICHES,
ANTHROPOSOPHISCH SAKRAMENTALES HANDELN HEUTE
BoD-Verlag, Paperback, DIN A5, 360 S., ISBN 978-3-837043-07-5
"INFO-BUCH" (allerdings nicht mehr aktuell, dafür:)

NACHKIRCHLICHES CHRIST-SEIN
Der freie christliche Impuls Rudolf Steiners heute
BoD-Verlag, Paperback, 164 S., ISBN 978-3-842365-70-4
Vielfältige Beiträge zum freien christlichen Impuls (= aktuelles "Info-Buch"!).

EIN BREVIER
für einen anthroposophischen, freien christlichen Schulungs-Weg
Rudolf Steiner, BoD-Verlag, ISBN 978-3-844807-44-8, →Paperback, 272 S.
→ In edler Leinenausgabe, DIN A6, 240 S., erhältlich beim Förderkreis.
Aus dem anthroposophischen Schulungsweg: Mantren, Sprüche Übungswege Steiners für die Tage, Wochen, Monat.

DIE PERIKOPEN in interlinearer Übersetzung
(= altgriechisch-deutsch / deutsch), in der Ordnung, wie für die «freien christlichen» Handlungen durch Rudolf Steiner und offiziell vorgesehen.
In Bearbeitung (geplant für 2014/15), Anfragen an den Förderkreis

ANTHROPOSOPHIE UND KIRCHE
Die Stellung der «Christengemeinschaft»
zur anthroposophischen Bewegung
Rudolf Steiner, Vortrag vom 30.12.1922 (GA 219),
mit einem Anhang weiterer Aussagen.
BoD-Verlag, 52 S., ISBN 978-3-842355-44-6

DIE OPFERFEIER
für die freie christliche Handlung
BoD-Verlag, 76 S., ISBN 978-3-842374-14-0
Der Text der Handlung und Hinweise und Erläuterungen

DIE OPFERFEIER – LITURGIEAUSGABE
Nur der Text der Handlung, große Schrift, DIN A5, Paperback, weiß,
BoD-Verlag, 48 S., ISBN 978-3-844815-87-0

GEMEINSCHAFT bauen
Karl König. Die drei Leitsterne – Karl Königs Camphill-Impuls
*Vergriffene Grundlegung des Impulses Karl Königs für einen
"Orden der Barmherzigkeit", angeknüpft an das "ora et lege et labora",
anthroposophisch vertieft.*
Privater Sonderdruck des Förderkreises; auf Anfrage.

STIRB + WERDE – Die Karwoche
Privater Sonderdruck des Förderkreises; auf Anfrage.

DIE MENSCHENWEIHEHANDLUNG
der «Christengemeinschaft»
in der Reihe: Die Kultus-Texte der christlichen Kirchen
BoD-Verlag, 56 S., ISBN 978-3-842370-51-7

DIE APOKALYPSE AUS ANTHROPOSOPHISCHER SICHT
Alle Zyklen Rudolf Steiners zur Apokalypse in einem Buch.
Rudolf Steiner, BoD-Verlag, 644 S., ISBN 978-3-842373-39-6

LITERATURHINWEISE – Forum Kultus
Info-Liste der erhältlichen Bücher. Förderkreis Forum Kultus

Weitere Bücher bitte anfragen oder www.Forum-Kultus.de
Alle Bücher mit ISBN-Nummer erhalten Sie über Ihre Buchhandlung!

FORUM FREIER CHRISTEN
forum kultus
INITIATIVE FÜR EIN
FREIES,
ANTHROPOSOPHISCH + SAKRAMENTAL VERTIEFTES
CHRIST-SEIN HEUTE

Volker David Lambertz
Förderkreis FORUM FREIER CHRISTEN
Herrensteig 18, D- 78333 Wahlwies (Stockach - Bodensee)

Tel./AB / Fax: 0049 (0)3212 14 66 232
E-Mail: Post@Forum-Kultus.de
Internet: www.Forum-Kultus.de

Spendenkonto: Förderkreis, Kto.Nr.: 470 824 20
Volksbank Stockach, BLZ: 690 618 00
BIC: GENODE61UBE, IBAN: DE66 6906 1800 0047 0824 20

Sie erhalten unsere Bücher über den Buchhandel, oder direkt bei uns, oder beim

Pro Drei Verlag - Stefan Karl
Panoramastr. 22, D- 88631 Beuron-Hausen
Tel.: 07579 933331 / Fax: 07579 9336174
E-Mail: ProDrei@Pro3-Verlag.de / Internet: www.Pro3-Verlag.de

BoD-Verlag, In de Tarpen 42, D- 22848 Norderstedt
Internet: www.bod.de/bod-shop.html

Abkürzungen: VDL = Volker David Lambertz

Stand: Juni 2013

Wenn SIE freie christliche Sakramente empfangen
oder sich in die Thematik und liturgische Praxis einarbeiten wollen,
melden Sie sich !

𝔑on nobis 𝔇omine, non nobis, sed nomini tuo da gloriam.